LOS FUNERALES DEL ORO

LOS FUNERALES DEL ORO

DANIEL SOUFI

Valparaíso
EDICIONES

Número 563 de la Colección VALPARAÍSO DE POESÍA
dirigida por FEDERICO DÍAZ-GRANADOS

Diseño de colección y portada: Chari Nogales
© Imagen de portada: *Le naufrage de l'Emily*, de Eugène Isabey,
1865, Musée des beaux-arts de Brest, Francia

Primera edición: marzo de 2026

© De los poemas: Daniel Soufi

© Valparaíso Ediciones
 C/ Fray Leopoldo, 7 bajo, 18014 Granada
 www.valparaisoediciones.es

 ISBN: 979-13-88007-46-0
 Depósito Legal: GR 301-2026

 Impreso en España - *Printed in Spain*
 Gráficas Gami

LOS FUNERALES DEL ORO

PARTE I

LA VIOLENCIA DE LOS SERES

Puedo pedirte perdón
o matarte en la cama mientras duermes.
Puedo chillarte en las manos
o pedirte que me hables de amor.

Cavaste en mi corazón
una tumba muy fría
y me diste la imaginación
para esconderme dentro.

Mi tristeza es tu tristeza
porque en tu presencia
me llueven melancolías
y mi ser te vibra
como un pensamiento oculto.

Tu risa más clara
se me cansa en los ojos,
mi locura más instrumental
brota en tu inmenso abrazo.

Me alimento de tu amor
como el campo mustio se envenena
en la oscuridad de las nubes.

Escapo con los ríos,
me voy ligero con el aire:
pero solo en ti me encuentro
porque nada en mí me alcanza.

Yo soy tu luz cardíaca,
el dolor mojado,
la vena rota en tu corazón de niña.

¿Qué dirás de mí
cuando pregunten?
¿Quién te enseñó a odiar
como yo me odio a mí mismo?

Hoy me entregaré
a los perros hambrientos
para que te llueva mi piel
sin empaparte la sangre.

Pediré a los muertos el pan
que se repite en tus ojos
y se lo daré de comer a los peces.

Llagas de amor dejaré
en tu corazón recién parido.

Mi cadáver flotando
en tu ser hechicero.

EL AMANECER

Y así amanece
otro día, durante años,
la luz, me suena en todo el cuerpo.

Atravieso un sueño de ausencias,
me convierto en un hombre extraño
con una extraña predisposición a seguir vivo.

El Mundo abandona las provincias,
sacuden hierro las camas,
se disuelven los átomos en perfumes
de aceites y carbones.

Veo recuerdos que se acarician
como una cabellera revuelta.
Imito al muerto que me posee,
escribo el porvenir
con la caligrafía salvaje
del niño que ya nunca más seré.

Puedo escuchar el rumor de las cocinas
mientras la hierba crece ante mis ojos
y un gran diluvio recoge
los restos de ayer.

Todo se desvanece ciegamente.
Cualquier cosa encuentra su lugar
en esta geometría inútil.

La mañana solo admite el lenguaje
de la tormenta y del martillo,
y, sin embargo,
yo solo quiero escuchar
la voz callada de los libros.

Al espanto de no tener nada
le sucede la angustia
de estar disponible para la vida.

A través de mis ojos entrecerrados
veo todos los gestos
y todas las palabras
que usaré a lo largo del día.

Una luz frágil, persistente,
me deja sentir la punta de mis dedos,
me acaricia el corazón, ansioso,
que palpita como el agua oscura en un pozo.

Toco el suelo
y en mis pies descalzos
aún resuena
el lugar de los crímenes.

No hay un libro en mis manos.
Así que todo es cierto.

Esta es mi alma,
a la que todo irrita.

Soy yo
quien nunca ha vivido
en este instante grave.

¿Pero a quién engaña este cielo azul?
Hay un pájaro frío picando en la ventana
y el anochecer me crece como un amigo triste.

LOS DEMONIOS

Hoy no estoy para nadie,
no estoy para el llanto
ni para el rostro solo que me acompaña
estoy, siquiera.

Tendido al borde de un libro,
solicito entrar en su volumen.
Solamente hoy. Durante un rato.

Así me desharé en una palabra
y tocaré la flor del pensamiento
que brota en la punta de cada dedo.
Así conoceré una inteligencia ajena
y seré el puente misterioso entre dos astros
y de pronto: el fin.
Así me esconderé de esos seres
que golpean mi puerta con manos inquietas.

Llegan desde las paredes blancas,
su voz arrastra sonidos negros.
Como una borrachera de metal,
suena el galope de sus pasos.

Sus cabezas, heladas por la luna,
tienen la forma maciza de las lágrimas.
Sus dedos afilados acarician
como una navaja de pan.

De ellos huyo,
y por ellos abandonaré
este cuarto triste, que se tuerce y grita.

Ya escucho cómo entran
a través de la luz que se cuela
por debajo de la puerta.

Ya veo sus solemnes manos,
que brillan,
perfectamente acabadas,
como flores que arden
y se despluman.

Soplan
sobre el blanco de las páginas.
Me buscan con sus dedos espaciosos,
me llaman con otros nombres,
pero yo resisto en silencio.

Nunca me encontrarán aquí,
entre mis libros,
porque me copio en cada palabra
y me escondo
en un sistema moral lleno de encontronazos,
en todo el pasado que ya siempre es
y será dentro de mí.

Flores rugientes del misterio, venid.
Buscadme en el insomnio,
buscadme en unos ojos perdidos,
buscadme en el frío de las paredes.

Aquí,
mi cuerpo es pura transparencia,
y mi alma se destiñe en amarillo
si unos ojos me leen en silencio.

Hoy soy el demonio que me asusta.
Mirad mis cuernos blancos
que os amenazan desde el techo.

Hoy soy el ángel mojado,
lejos del pan caliente.
Sentid mi aliento soplando
sobre la cabeza de los muertos.

Hoy soy quien ama la carne
como si aún ardiera.
Soy la culpa.
Soy el libro que viaja bajo un brazo.
Soy el hombre que viaja bajo un libro.

TU VOZ ENTRE LAS RAMAS OSCURAS

Escucho tu voz entre las ramas oscuras,
al mirar la soledad que crece en las montañas,
cuando me alejo de la ciudad, en la noche y el viento.

Tu pensamiento siempre me acompaña y, aun así,
no eres menos solitaria que la muerte.

Te he visto con las manos en alto,
intentando tocar la luz que sale de los balcones,
dentro de la fuente, imperial y misteriosa.

Caminas harta, como un alma agotada de sí misma,
y miras hacia abajo, a esos pies
que te recorren sin permiso,
como te respirarán mis pulmones hasta perderte.

Algunas tardes te he visto mirar a través de mis ojos,
cuando andaba absorto en los sueños del camino.
Pude ver tu adolescencia inflamada,
tu curiosidad herida, que se asoma,
como una estrella entre los olivares.

Desprecio las cantidades de otoño
que llevas en los bolsillos,
tu cuerpo interrumpido y flotante,
tus duras entrañas,
y tu piel pelada hasta la sonrisa.

Admiro tu corazón novelesco, tan distinto al mío,
tu boca que hierve cuando se enfada,
tus ojos deslumbrados de vida imaginaria,
y esas manos donde se cuece el alma vieja.

Ponte en pie, amiga,
y contempla mi cuerpo entre tus brazos,
para que ninguna oscuridad nos separe,
para que puedas sentir la amplia serenidad de la luz
en el éxtasis del mediodía.

Estamos juntos, los dos,
mal cerrados en mi única memoria.
Aquí, en un rincón de dios,
estamos siempre solos.

PENSARTE A SOLAS

Si me enseñas el mar,
me tragaré las olas.
Si me ofreces tus flores, yo me cubro
con la carne y la ropa de las hojas secas.
Te quiero
para pensarte siempre a solas.

Veo perfectamente la luz de las estrellas
y la luz de la ciudad.
Puedo ver la bondad en los corazones,
la dulzura, la esperanza, el amor.
Pero se me escapan tus muslos,
y me alcanza una pena negra
que me devora
como una calle sin ruido.

Busco tu aparición sobre la tierra,
con el recuerdo de tus manos frías
apretándome en el pecho.
Te busco hasta que gritas mi nombre,
y entonces me agarra el Mundo
en todas sus ciudades.

Tu destino pertenece a una ley
cuya verdad ni siquiera sospecho.

¿De qué triste costumbre te conozco?
Me recuerdas a los días felices.

LA CASA DEL LOCO

En esta casa vive un loco.
El orden de las cosas
y su configuración
ha sido encomendada al viento.

El suelo es noble tierra de cristal,
y en la pared yacen amordazados
mil suspiros que llegaron tarde al cielo.

En esta casa vive un loco y las plantas lo saben.
Las plantas también aman la sombra
y heredan el dolor de quien se baña con ellas.

Aquí es donde la lluvia quema
la paz de los dormidos.
Aquí, la luna alumbra
un espejo de legañas,
y el sol aguarda el fin de la jornada
en la postura de su propia muerte.

En esta casa vive un loco,
y las camas están hechas de hueso.
La luz brillante de la lámpara
revela, en las sábanas,
extraños universos,
pelea con la noche,
que se extiende,
moribunda.

Los pasillos se recorren a latigazos,
las ventanas reviven
lánguidas bellezas,
las puertas interrogan
como flores abiertas,
abrasadas por el rayo.

Y ya es la hora:
el loco se viste
con sus cuerpos anteriores,
traza las rutas azules.

Este es el camino que ocultaron los peces:
un paisaje de barrios brumosos,
el cielo agotado,
el Mundo donde el Mundo
solo ocurre cuando llueve.

JUVENTUD

A lo lejos, espío
la llegada del salvador,
del amigo, del pájaro ausente,
el hombre que recobró la vista.

PARTE II

ENCUENTRO

Celebra el mar nuestro encuentro
con un suspiro de aguas tibias.

Somos los últimos navegantes
de la última gota que vive
en este planeta muerto.

Mirad: ahí está el sol,
ya vencido,
cansado de torturar las aguas
con sus ardientes latigazos.

También está el cielo,
lívido, casi disuelto en niebla,
luchando contra la lluvia dura
y los truenos que retumban
tan formidablemente.

Ya se han ido los pájaros
que hacían verdes los campos y los sueños.
Los árboles se han marchado,
y no han dejado ni las sombras.
La luz es de cobre,
la luna ha muerto:
echo de menos los tejados.

Solo quedamos nosotros
en esta gota, viajando

como por las venas de un muerto,
como a través de un susurro.

Un rumor de nieve nos acompaña.
El silencio se desvela
como un tierno almendro.
Amanece,
y el Mundo se despeña
por las altas montañas.

Nos hemos encontrado aquí,
en esta muerte solitaria,
donde el viento suspende su aliento
y el amor ni siquiera se asusta.

Hemos visitado
los lugares queridos de antes,
de nuevo encendidos,
llenos de piedras blancas
para levantar recuerdos.

Hemos pisado la hierba
que entrelaza las hojas
y refresca la lengua
de los enamorados.

Tenemos el cuerpo rosado,
la piel tibia,
y un sueño de cigarras
que agita en las tripas
una maza de hierro.

Lo reconozco:
el Mundo me ha hechizado.

AMANECER, CONTIGO

Una palabra mal soñada
para ordenar tu cadáver impreciso.
Un amanecer lleno de heridas
para abrirte los ojos
sin quemarme el alma.

Un nido hecho de sábanas,
de almohadas tiernas y pies arrojadizos,
donde las formas de este Mundo
te reconstruyen sin apenas esfuerzo.

La memoria de un ciego
para decirte la aurora eternamente,
para decir todo lo que tengo de ti en mis carnes.

Un nombre nuevo y una cara
para hacerme denso,
para hacerme sombra
que se desvanece
soberanamente
en tus sentidos.

Arena en los bolsillos
para adentrarme en tu cuerpo.
Una roca fría
para pensarte a solas.
Un puñal de luz
que corte

el hilo gris de lágrimas
que a veces cuelga
de tus ojos.
Un vuelo de aves
con el que servirte
todo el manjar azul del cielo.

Lo necesito todo
para rendir tu filosofía,
para resolverme en ti eternamente
y envolverme en tus bellas iluminaciones.

No necesito nada
para mirarte
despertarte
y esconderme.
Nada para retirarme
como una palabra mal soñada.

Para clavar la mañana desnuda
en tus labios de mujer.

LLUVIA DE ORO

Es una tarde gris, intacta,
invadida de retiros,
de ruidos que no suenan,
de bancos solitarios
hechos de plomo y de silencio.

Una tarde cualquiera
en la que tú me llueves
implacablemente.

Me callo,
me quedo quieto
mientras me caen
tus cristales en bruto
desde la copa de los árboles llovidos.

Me llueves a bocados,
entre sábanas de espuma.
Y escucho —en leve ausencia—
tu ceremonia
que lleva el Mundo
a mis sentidos.

Me callas.
Me dejas quieto.

Observo cómo preparas el sendero
con tus manos descomunales,

y dibujas un árbol de sueños
sobre mi espalda.

Tú haces el agua tan tierna,
tan llena de futuro,
que tu lluvia sería suficiente
para reconstruir la era de los peces.

Es una tarde cualquiera,
igual a cualquier tarde.

Una tarde en la que tú me llueves
sin tregua,
con la piel en llamas,
como una serpiente de bronce
bajo el sol de agosto.
Me llueves también,
tendida en la cama,
derramada en mi sangre,
y me llenas con el sabor que enciende
la papila roja del deseo.

Llueves sobre mí
con manos idénticas a las lágrimas,
y dejas en mi cuerpo la fuerza exacta
para olvidarme,
para extinguirme,
para hacerme leve
como una araña
que se entrega a tu piel
y a tus leyendas.

La tarde es gris, y tú,
como una flor, me coloreas despacio,
y me haces tiritar, como tirita,
el aire recién nacido.

La tarde es una muchedumbre de minutos
contra el cielo eterno,
y yo escucho mi nombre por primera vez
cuando me caen tus gotas,
y la claridad asciende por mis piernas,
y la marea de la sangre retrocede,
y entonces mi cuerpo se convierte
en una cantera de silencios.

Y cuando ya no has dejado otro ruido
que el de la ciudad entera,
entonces tu lluvia se disuelve,
nubes rotas, como el humo
de una antigua guerra.

Para volver a ser persona,
para armarte y ensamblarte adecuadamente,
necesitas todo el azul del cielo,
todo el orden perdido en lo más hondo del océano.

Ya me has llovido implacablemente,
y ahora me secas poco a poco,
y esparces en mi piel la luz negra del fuego.

Me dices cosas que no me hagan pensar,
para vivir del sueño y para el sueño,
para desmontar un universo y para recomponerlo.

VEN CONMIGO A MORIR

Ven conmigo a morir
por donde pasan los ríos.

Ven a olvidar el azul bajo el azul,
tendidos en la hierba
agazapados
junto a la cálida lumbre.

Acompáñame al campo.
Ven a morir sin códigos ni ratas,
bajo la lluvia que azota
el oscuro esplendor
de las raíces.

Ven conmigo a morir
donde los Mundos giran,
bajo la luz risueña de agosto.

Ven conmigo a morir
cuando el aire se retira somnoliento,
cuando el sol brilla más allá de los relojes
y la luz se desorienta en las tinieblas.

Ven conmigo a morir
y pensémonos:
mírame, murmúrame,
mátame
por placer absoluto.

Ven conmigo a morir,
intoxicados por este aliento celeste,
envueltos en los sudores del cielo.

Ven conmigo a morir
donde el Mundo se desgarra en el espacio,
donde los pájaros se inmolan en el tiempo.

UNA FLOR BLANCA

Un coro de planetas que se asoma
en lo más nocturno de tu mirada blanca.
Viento irrespirado en los planetas,
destinos transparentes en el viento.

En el destino, un arroyo claro
en el que los peces
improvisan su desnudez en las ondas.

En los peces, el recuerdo
de haber paseado entre los álamos.
En los álamos, la noche.
En la noche, un descenso.
En el descenso, una fábula de fuentes
y una luna de brujas que se asoma.

En la luna,
un iris quebradizo
en cuyo interior los colores no destellan.

En el color, una promesa
(porque el color siempre es una promesa).
En la promesa, una intuición.
En la intuición,
el sol que abandona su esfera.
En el sol, un vacío sonriente.
En el vacío, una lágrima afilada.
En la lágrima, una espera.

En la espera, una esperanza,
una esperanza que brota en el silencio.

Y en el silencio,
una flor blanca.

BAJO ESTE AZUL

Tu cuerpo fresco entre las aguas.
Bajo este azul, estamos vivos todavía.

Nuestro contemplar es joven.
La arena, suave compañía,
en cuyas húmedas sábanas
tu piel dorada arropas.

Este es el Mundo en el que nos salvamos,
no más desconocido que los otros.
Aquí el cuerpo no envejece
ni se desquicia.
Las ideas más frágiles
resisten intactas
entre las sienes.
Las cosas nacen ahí
donde se posa la mirada.

Con qué delicadeza
me cierras los ojos.
Con cuánto misterio
sabes ocultar mi carne
bajo tu carne.
Con qué inocencia me apuñalas
todo tu amor
en las venas.

Te quiero, porque solo tú
puedes salvar del caos eterno
mi cabeza de catedrales vencidas,
mi frente rugosa,
mordida por el viento.

Amo la soledad de tus manos tranquilas.
Amo las hojas libres
que vienen a posarse en tus pensamientos.
Y solo se me ocurre mirarte,
porque, como el sol,
todo lo haces inmortal y tuyo:
desnudo y ciego.

Aquí, bajo este azul,
estamos vivos todavía.
Cada vez menos creados,
apenas centrados
en seguir existiendo.

Cada vez más cerca
de creer
en un milagro torpe.

Más cerca del final
que sostiene el inicio.

La luz está invicta
y tú, como un pájaro,
de azul inundas el cielo.

UN VERSO ENORME

Quiero pensar para ti un verso enorme,
semejante a una luz
que haga brillar
todas las palabras de amor
pronunciadas en silencio.

Un verso que no diga árbol,
un verso que sea un árbol.

Una fuerza capaz
de serenar el gesto
con que se espanta la muerte.

Una verdad en la que sentarme,
y desde la cual vivirme.

Una canción vieja
que agote el tiempo autoritario
que tañen las campanas.

Un conjuro que me arremoline,
como hojarasca, bajo tus pies.

Una muerte digna, sin lazos negros.
Una vida de vastos amaneceres.
El Mundo probable,
aire libre, si es posible.

Una mañana que sea hoy, más que nunca.

Un verso enorme, gigante
no más grande que una pequeña roca.

LLENO DE TI

A veces,
al andar solo,
de ti me vacío.

Me vacío de ti
en las sombras del árbol
donde los amantes alzan
un muro de piedra.
Y me vacío de ti
en el cielo de plata,
donde el barro mancha las manos
cuando llueve.

En los niños que corren,
en sus cuerpos
medio caídos,
medio levantados,
voy dejando algo de tus jardines,
algo de tu orden
y de tu furia,
de tu república
de noches y de selvas.

Dejo algo de ti en cosas insignificantes:
en una palabra que arde
de boca en boca,
en la presión de una mano tímida
que nunca volveré a tocar.

En la hierba, recién nacida,
verde apenas,
en el corazón silvestre de la literatura,
voy dejando tu verdad terrestre
en un pequeño hilo
de agua dura.

Yo estoy hecho de tus raíces.
Y por eso, para abandonar tu reino lluvioso,
he de tragar los minerales
que abrasan la garganta.
He de ignorar todas las perfecciones
que el azar, tan ocurrente,
fue logrando en tus manos.
He de romperme en visiones,
y arrancar la selva,
que late
bajo tu vientre.

Y si al fin
separo mis brazos de tus inmensidades,
olvídame deprisa.

Cierro los ojos
y en tus ojos
aún me veo.

ALGO DE TI EN TODAS PARTES

De noche, a veces,
al levantar el barro,
he visto el amanecer sobre lo oscuro,
como una pequeña herida de plata
que quiere crecer sobre la hierba.

Creo que es aquí
por donde la luz se retira suavemente,
con la tripa llena de campanas,
hecha un acuario de nieblas.

Dentro de este suspiro de luz
veo una pequeña fuente
de la que brota el silencio desnudo,
suficientemente real, inquietante,
como para calmar el afán asesino
de cualquier incendio.

En estas ocasiones
a veces hago como que estoy dentro del sol,
e imagino un poquito de noche,
o de tarde azulada,
que se acurruca bajo una piedra ardiendo.

Y me pregunto si, desde el sol,
la luna tiene los ojos quemados,
si cuelga un dios, al menos, que la vea.

Creo que hay algo del Mundo en todas partes,
y algo de nosotros en el fondo de cada Mundo.

¿Qué será de nuestra alma,
allí donde la imaginación se convierte
en un helado esqueleto,
después de recorrer entero el universo
con la mirada rota de estrellas?

PARTE III

OTOÑO

El salón se ralentiza en otoño.
El humo de los cigarros
se hace grave y denso,
la ropa se cansa en los armarios
y el café despliega todas sus metáforas
porque vive su estación predilecta.

Contemplamos,
sin apenas sentir vértigo,
el nacimiento de un ocaso irrevocable.

Los días de la semana
van recuperando su fecha,
el cielo entristece sin amenazas
y el silencio agita las casas
como un alambre oxidado por la lluvia.

Ya nadie recorre las calles,
pero todos andamos doblando las esquinas,
buscando en los charcos
la marca de un reflejo caluroso,
mirando
en el corazón cautivo de los atardeceres.

Yo voy al otoño
como un viento armado de sombras:
frío,
entrañablemente muerto.

Voy buscando un destino soportable
en el que caerme,
un cuerpo en el que fingir
una vida ante la vida.

Y en estos meses
solo puedo pensar en lo posible,
hasta que el tedio me ahoga
e imagino una fantasía gris
en la que perderme,
o quizá un espejo
en el que rejuvenecer oscuramente.

Alguien abre los balcones,
el tiempo flota
entre las cuatro y las cinco,
entra el frío que requiere
una atención más íntima
que en invierno.

Llega el otoño,
como si todo el azul del Mundo
dejara el cielo,
con el pasado siempre implícito
en sus ramas.

Llega el otoño,
suave y gris, inclinado
ante las relumbrantes brasas.

Llega el otoño,
agitando su melena despoblada,
mirando en su corazón
ese sol de la infancia,
podando las sombras
que derrama el cielo.

AMOR MÁS ALLÁ DE LAS PIELES

Yo los vi sobre el alféizar,
esperando en las horas púrpuras.
¿Amándose?
Yo vi arder sus pies desnudos.

Qué inmensas sus miradas,
y qué grandes sus besos.
¿Gritan?
Dejad que ladre
su corazón ansioso.

Vi granos de oro llover
sobre sus largos cabellos,
relámpagos diurnos cruzar
la inmensidad de sus ojos.

Entre los dos:
todo el amor del Mundo,
pero no el amor.

Vi cómo el calor
fue desvistiendo de piel
sus cuerpos de piedra.

De sus ojos salían
días tristes y arrugados.
¿Sonríen?

Llega la noche,
y sobre sus hombros eternamente unidos
se ciñe el olvido cristalino de la madrugada.

Los amantes se quieren —esto es amor—
y un largo bostezo
los aplasta.

TE VAS

Llegas corriendo a casa.
Quieres cogerme de los pies
y colgarme en la terraza,
pero el sol ya se ha ido
.

Con qué delicadeza
ha penetrado el bosque
en las rendijas
de esta casa nuestra.

Todo lo que me toca se hace de noche.
La luz perece en el musgo,
y tú intentas sacudirme
la ebriedad morada de las nubes.

Tus manos, en el aire,
queman cifras y letras,
intentando desordenar el hielo.

Metes mis dedos en agua caliente,
quieres curarme con pequeños días de sol,
con sílabas de medusas y palmeras,
con tus labios ante mis labios,
de rodillas,
con la fuerza extraña del placer acostumbrado.

Quieres iluminar
mi oscura geografía de ciénagas,

porque piensas que donde haya voluntad
habrá vida,
y habrá Mundo.

Pero no sabes que, en el desierto,
los días solo son signos.
No sabes que yo conozco tu amor por los pájaros,
que yo conozco tu amor por la nieve,
que yo conozco todo tu amor,
porque me persigue
como un perro.

Y te vas.
Y cuando más te vas, más te quiero.
Y poco a poco me deshielo,
como si un adiós me riera,
como si tus manos ya estuvieran cansadas
de acariciar la piel de un muerto.

VUELVE CONTIGO

Qué gracia sentirte
cada vez más yo
y cada vez menos tú.

Cada vez más quieta,
más clásica,
más figura de mármol
y menos arena.

Cada vez más en mis ojos
y menos en los tuyos.
Cada vez más mis heridas
y menos tus abrazos.

Cada vez más navegante
de un barco silencioso,
cada vez más leve
en tu profundidad de terciopelo.

Cada vez menos afectada
por un atardecer lento,
cada vez más semejante
a un atardecer lento.

Por lo menos ahora yo
sí soy más tú:
más joven que viejo,
más breve de pronto,

más descalzo,
menos envuelto en tumbas,
más reclamado en tierra,
más —mucho más— respirado,
como una granja en pie
o como un manantial de hierba.

Susurro este mensaje
con mis labios,
que ahora ruedan
sobre un jardín de rosas.

Los labios que nombraste
y alimentaste
con ese corazón tuyo
en el que ahora tiembla
una tarde muerta.

Qué gracia sentirme
cada vez más dentro de tu gran pupila,
como el sueño de un caballo podrido
que cabalga en la luna llena,
como una ocurrencia simpática
de visita en el Mundo de los cielos.

Qué gracia sentirme en tu ausencia,
en mi propia noche,
sentada conmigo
junto al mar del invierno.

Porque gracias a ti
de nuevo existo.

Sal de mí y vuelve contigo,
para poder volver a vernos.

NUESTROS MUERTOS

Todavía recuerdo su carne líquida y acuosa,
sus manos gélidas sobre nuestros corazones,
sus pies llenos de astilla y de misterio.

Inalcanzables ya, como el pasado,
en la antigüedad de la noche se han perdido.
Penúltimo latir de la penumbra:
nuestros muertos ya se han ido.

Hemos llenado de muebles
la oscuridad de nuestro cuarto,
todo, para que una felicidad aguda y penetrante
nos recorra como un remordimiento.

Nada nos permite olvidar el tacto
del blando abismo del océano.
El sol ha limpiado el cielo de suspiros,
pero ha dejado el rumor infiel de las mareas.

Ya no reconozco
el verdadero sonido de tus pasos.
Ya no tengo una palabra
que reconstruya tu ánimo caído.

Las ruinas de nuestra anatomía
se pierden en un prado polvoriento.
Solo una sílaba nos queda,
un gesto seco y arqueado,
como una rama en invierno.

Atardece, y el sol
nos deja una cruz en la boca.
Estamos cansados
de llevar este amor a cuestas,
en esta hora tan fría
en la que nos llueven piedras negras.

¿Dónde están nuestros muertos?
¿Dónde está el barro triste
y la duda llena de hambre
para amar desde el fondo de los seres?

¿Dónde está el amor que nos trajo
las ganas de ser devorados por el infinito?

EL DÍA QUE ME ESPERA

Yo conozco el día que me espera:
ir creando entre los dos
una pequeña muerte en confianza,
amar de pronto la vida
y después,
regresar debilitado a casa entre la niebla.

Acostarme tarde
por la impaciencia de vivir
el día que me espera.

Cruzar todas las tardes
la misma tarde,
amar el mar
donde el ocaso vierte
sus puñales,
quedarme en tierra.
Seguir el vuelo insomne
de los pájaros,
despertar antes de tiempo
en el día que me espera.

Un día en mitad de la calle,
ahí parados, entre los bordes del cielo,
respirando como siempre,
con más esfuerzo que de costumbre,
todavía sorprendidos
por ese rumor que se acerca

y que empuja, adormecido,
por ese día que no quiere pasar,
y que ahora sueña con dejarnos.

Y creedme:
yo conozco el día que me espera.

Fue en aquella madrugada
del año dos mil diecisiete,
cuando miramos largamente al mar
y nos quedamos con aquel mar para siempre.

El día en que encontré
un abrazo en que romperme.

FALSA MAÑANA

Vamos dejando el aire manchado de sangre,
envenenado,
para los que vengan mañana.

Nos vamos perdiendo
en el enigma de los principios.
El viento va enredando nuestra voz,
y un ruido siniestro arraiga
como un dolor de huecos
en nuestro pecho cerrado.

Seguimos juntos, más que nunca,
a medida que todas las cosas se van cayendo.
Y seguimos resistiendo el espanto
de las últimas miradas,
en esta falsa mañana
que poco a poco va hundiéndose en sí misma.

Me pregunto dónde andarán los leones
que mueren tan suavemente,
sin despertar apenas
de su sueño de arena.

Podríamos durar mucho más tiempo,
aquí sentados,
al borde del destino,
alejados un poco,
y con los párpados corridos.

Podríamos reforzar nuestras tumbas,
y podríamos acelerar nuestra respiración hacia la nada
o hacia lo libre.

¿Cuánto tiempo seguiremos así?
Con las venas llenas de inexistencia,
midiendo el tiempo que pasa
entre dos momentos,
con la puerta inconsolablemente abierta.

Sigamos un rato más, todavía.
La vida me asusta,
y los ojos
quiero cerrar aún
sobre tu almohada.

UNA ÚLTIMA LÁGRIMA

Si la lluvia tarda,
alguna vez suspiro.
Si no se harta la luz
de abrirme los ojos
para hacerme cambiar de idea,
algunas veces miento.

Pero nunca lloro,
ni siquiera hoy,
que la tarde está dorada
y encendida.

Y yo no pedía lágrimas.
Pero a veces tú,
sin que yo me diera cuenta,
me mojabas los labios,
me humedecías el borde de las orejas,
y me secabas los ojos.

Hacías todo eso
aunque sabías muy bien
que yo solo he llorado
desde lo alto de los sueños,
a la sombra
de un esplendor desconocido.

Todavía recuerdo tu cara
cuando las lágrimas calentaban tus ojos,

y tú apartabas un par de gotas
para mí, para alimentar mi tristeza.

Sé que te habrías sacado
un océano entero de las pestañas
solo por dejar
que mi pena aparezca en este Mundo,
por permitir que mi sufrimiento
comparezca frente a los demás,
y así poder invocar
la piedad de las bestias celestes.

A cambio de tus lágrimas,
yo te ofrezco gusanos que te devoran,
y que poco a poco
han ido desangrando
tu alma verde y soleada.

Han ido apagando
tu pecho inmenso de hogueras.
Han tomado tus hombros,
irremediablemente dulces.

Todo lo ha devorado el hambre
de mis gusanos caprichosos.

Y ahora —al final— te pido una lágrima más.
La última.

Una última lágrima
para culminar el río

de mi imperfección dolorida.
Una última lágrima
para decirte adiós.

Una última lágrima
para poder llorarte a solas.

TE MIRÉ

Te miré y me hice brillo.
Te miré
y me hice oscuro y desandado.

Dolor.
Sofocante melancolía.

Te miro
cuando una voz se alarga más de la cuenta
hasta decir tu nombre.
Te miro
en el mismo instante
en que el dolor de tu cuerpo
se repite en el mío.

Te miro para decirte que la vida
se me está cayendo de los brazos
como una gota de agua fría.

Te miro una vez más
con los ojos llenos de arena y de rozaduras,
como las rodillas de un niño.

Te miro por encima de todo
y contra todos.
Pero no puedo verte.

Y eso que fuiste tú
quien me enseñó a mirarte,
al limpiar poco a poco
la planta de cristales desangrados
en mis ojos preparados
para decir nunca,
al borrar aquellas tardes de azul
desde las que te miraba a lo lejos.

Te miré y me hice brillo,
y toda la paz de la naturaleza
vino a sentarse a mi lado.

Te miré de joven,
y terminé de mirarte aún más joven.
Te miré de muerto,
para recordar que existía.

Te miré al marcharme.
Y ahora que no te miro,
ahora que no te miraré nunca,
es cuando más te veo.

ORO AMARGO

Ni siquiera nuestro dolor
conseguirá ahogar
la transparencia de este Mundo,
aunque ya quede poco
de nuestro oro amargo,
y quede un viaje
que es triste
y que es largo.

Tras el cristal,
la rosa insiste.
En su carne,
nuestra vida
en rayos frescos.

A veces pienso
que una herida tan luminosa
ya ni duele,
como las canciones tristes
que te despedazan
solo para dejarte dormido.

Quiero hablarte del tiempo
como se derrama un cesto
de frutos apagados.
Quiero decírtelo todo,
quiero que me lo digas todo,
antes de que tus labios nocturnos

se exciten
entre el polvo y los tambores.

Quiero desfallecer
en todas las mañanas de junio
que ya no pasaremos juntos,
regresar a la eternidad
en la blancura de tu cama abierta.
Quiero sentir toda tu creación
en el hueco
de nuestra inmensa sepultura.

Ya no queda nada
de nuestro oro amargo,
y algunas veces
la melancolía me sofoca,
y otras le pido al Mundo
que te me bajes del alma,
o que me dejes algo
de tu vida coleando.

Yo sé que en algún lugar del sol
hay una mesa a la sombra,
llena de delicadeza,
donde se siente la humedad de las estrellas
y dos manzanas arden
honrando nuestro amor.

Yo sé que un día
por ti me tragué el mar,
toda la oscuridad del abismo,
la vida entera,
como una lágrima sola.

LOS DÍAS EN TU CUERPO

Recuerdo aquellos días viviendo en tu carne,
dentro de tu estómago,
apretado en rojo.
Recostado a los pies de tu corazón,
sin hacer ruido apenas.
Recuerdo los días en tu cielo libre,
como un vigilante eterno entre tus tumbas.

Yo, para ti,
era el cuerpo que te pesa demasiado,
el sueño que te cierra los ojos,
la carne torturada por el frío.

Tú dejabas luces suspendidas
en el aire turbio,
abrazos de naranjas y jazmines
que vuelan al tomarlos,
gotas de estrella
para escarchar la melancolía.

Solía pensar, entonces,
que de encontrar la muerte,
todo mi cuerpo se extinguiría sobre tu alma,
y sería el humo
que se arremolina en tus sueños.

Pero se adivina el cielo
en otra ciudad,

y tú me devuelves el tiempo
que, por supuesto,
yo ya no quiero para nada.

He pasado días
deseando regresar
a tus manos de hoja recién nacida.
He deseado volver a ver más allá
de tus límites probables,
y dormir en el ataúd fresco de tus huesos.

Fuera de ti
soy un ingenuo entre fantasmas,
y ya ha empezado la matanza del cadáver.

Aunque todas tus miradas
estén clavadas en mis ojos como un abismo,
aunque tu débil tacto todavía
me aplaste contra el cielo.

Ya me voy,
con los perros que ladran solos en el desierto,
con la vida que se quedó sin evolucionar.

Aquí viviré,
hasta despertarme en un cuerpo
en el que no haya muerto todavía,
loco de polvo,
de los pies a la cabeza.

MUERTE EN VIDA

Hojas deprimidas navegan
sobre las aguas muertas.
Bajo un sol de otoño
palidecen
tus largos reflejos.

Ya se expanden las tinieblas
a lo largo de tus vértebras.
Tu cuerpo se desacuerda de sí mismo,
planea sobre tus huesos
un cadáver perfecto.

Tu mirada se ha llenado de los parques
a donde ibas a jugar de pequeña.
Ya ni siquiera puedes recorrer
la emocionada curva del abrazo.
Te acorrala tu ausencia.
Te acosa
la costumbre de estar muerta.

Por un instante
te dejas caer en el caos
y ves en el infierno
un Mundo insospechadamente libre.

Sumida en esta última luz,
en mitad de los aires,

en mitad de toda gran revolución
que haya ocurrido en la naturaleza,
dispones tu cólera.

Así,
poco a poco,
irás renaciendo de las esencias menos bellas.
De los amores más tormentosos
irás apareciendo.
Del rugido que atruena
en los campos de batalla.

Por un tiempo
vivirás en galerías subterráneas,
en constante conversación con el fuego.

Fundarás tu propia primavera,
glacial y triste, bella.

Dormirás
sobre tus propios escombros,
esperarás lo que haga falta,
como una serpiente enroscada
en el inicio de los tiempos.

Sentirás dentro de ti
una fuerza desconocida,
y podrás entonces cargar
con el peso de tu tristeza.

Acompañarás a los peces
que se sumergen
en el fondo del abismo.
Descubrirás
que el infierno
no es más oscuro que mi alma,
que tu alma,
que el alma de cualquiera
que haya muerto en vida.

REINOS DE LA CÓLERA

Esos momentos de reflexión
a través de los reinos de la cólera.
La vergüenza a causa
de las verdades más amargas.
La calma rota en nuestras manos.
Los engaños servidos en cuencos de plata.
Todas estas cosas no las esconderemos
en la oscuridad de nuestras conciencias.
Estas cosas
nos las guardarán los árboles y los vientos.

Yo te quiero —o te quise—
con la impaciencia del suicida.
Y ahora vengo a visitarte
en los días de otros tiempos.

Hemos transitado
las tinieblas del orgullo,
y nos hemos limpiado esa baba
espumosa y blanquecina de la rabia.
Hemos creado lobos
que devoran hasta el miedo.
Hemos abierto un boquete en la sombra.
Nos hemos instalado
en la región de las tormentas.
Hemos vendido todo lo que nuestro cuerpo contiene,
todo,
para librarnos de nuestras heridas.

Bien sabes que, para llegar hasta aquí,
ha sido preciso caminar un desierto
al borde de un acantilado.
Un viaje en vertical
a través de la materia
que aún está en carne viva.
Y con dolor,
hemos envenenado la confianza
que hasta ahora inspiraba nuestros pasos.

Esto no lo comprenderán los sabios,
siempre perdidos
entre la imaginación y el sentido común.
Debemos escupir sobre nuestra propia virtud.
Debemos tramar nobles proyectos de venganza.
Somos criminales,
y una legión de sombras nos acompaña.

Dejemos que de nuestro vientre abierto
se escape toda la verdad.
Adoremos el menor fenómeno de la naturaleza.
Estallemos nuestro delirio enfermo
contra la serenidad de nuestras frentes.
Muramos
hasta que todo nuestro amor,
como una espada fresca,
nos quite el aire del pecho.

RECUERDO DE LAS ÁGUILAS

Ya no me quedan labios para decir tu nombre
y al mirarte siento que me despido del Mundo.

El recuerdo de las águilas se aleja,
y una luz
(ciertamente envenenada)
rompe la densa penumbra en los pasillos.

Quiero encerrarme con todas las cosas que amo
y abrazar, en la almohada, toda la luz del Mundo.
Quiero olvidarme de ti,
pero hemos dejado
palabras medio rotas sumergidas en la hierba,
y hemos perdido continentes enteros entre tus sábanas.
Quiero enterrar nuestros nombres intocables,
pero al hacerlo,
las paredes me miran con tus ojos,
y me invade la noche
en la que nunca volveré a verte.

Algún día encontraremos aquello
que buscan los paseantes solitarios:
un tropiezo hacia el olvido
que revela un instante en la memoria,
el accidente de un encuentro previsto.

Desaparecen las águilas en el cielo;
en sus garras,
nuestros recuerdos,
pesados como rocas.

LO QUE ME DIJISTE AQUEL DÍA

Lo que me dijiste aquel día,
al desnudarte en el campo.

Los besos,
con la mañana amarga
todavía en la boca.

Las manos de los dos, agarradas,
cuando ya estábamos desgarrados.
El murmullo de mujeres rezando,
que los dos escuchábamos cuando llovía.

Tus teorías de reverencias y oraciones
al goce distraído y cotidiano.

Nuestra bestialidad frágil.
Tu dulzura que hechiza
mi horror misterioso.

Todas estas cosas contemplo
en una cena larga y solitaria.

Me anima pensar
que se extinguieron
religiones mayores que la nuestra.

EL FIN DEL MUNDO

El Mundo se muerde los labios
y pierde sus reflejos.
Las mañanas
flotan líquidas en el aire.
El polvo aúlla en las tumbas,
porque los vivos se distraen
con el dolor de los muertos.

Otra vez,
el vacío de una libertad cristalina.
La existencia
en un astro inexplicablemente suspendido,
en una ciudad inmensamente alta
para la que no bastan los cielos.

Todavía tengo las manos
llenas de ilusiones resplandecientes,
y el granizo de tus caricias en el cuerpo.

De noche
aún me acosa tu sonrisa,
tan natural como la misma muerte.

Aquí,
en esta noche para olvidar las estrellas,
pienso que en cada mal sueño construido
la vida engendra Mundo.

Desde aquí escucho la eternidad
en el zumbido de cada insecto,
escucho al viento anudarse en cada soplo.

Aquí,
en esta tierra que nunca ha sido mía,
imagino la soledad prehistórica de mis antepasados,
tendidos hacia la llama,
llenos de orejas muertas para ahuyentar el frío.

Aquí,
en este aquelarre de constelaciones,
preparo el atroz nacimiento de la angustia,
y envuelvo mi cuerpo en religioso humo
para saltar como los peces en verano.

Mi sangre se emancipa del dolor,
y una niebla amarilla
me desenlaza los nervios.

Esta es la hora de los símbolos
y solo necesito un grito para olvidarlo todo.

Solo necesito un beso con lengua
desde el que poder ahorcarme,
desde el que colgarme en mi propia imagen,
y respirar el aliento pálido del vacío.

Mi cerebro ya no volverá a sufrir
por mi carne destrozada,
y mis manos ya no volverán
a tocar la vida.

Emprenderé el vuelo en este aire eternamente muerto,
eternamente ausente,
en este aire que se enrosca
alrededor de un suspiro.

Me tendiste el día en tus manos de cristal,
y yo mastiqué arena
intentando agotar el tiempo.

¿De qué esperanza provienes?
¿Dónde puedo estallar
para reunirme con lo oscuro?

El fin del Mundo revolotea en lo blanco,
y la vida cabe por una ventana abierta.

PARTE IV

EL AZAR

Si fueras del azar despojado,
no sabrías morir de infinitos destinos,
ni conocerías el lugar donde naufraga el viento.

Si pudieras ver en el azar —en sus sueños—,
calmarías la furiosa tempestad que te atraviesa
y acorralarías el flujo de los ríos.
Pero tu curiosidad
nunca llegaría
donde no llegan tus dedos.

Si te esperase el azar,
jamás permanecerías con la persona que te espera,
jamás vivirías la vida
que solo es vida cuando el amor se muere,
jamás recogerías
las caprichosas hojas que se caen en primavera.

El azar hiere sus cuerdas,
a favor o en contra.
Pero son tus manos
las que alborotan el orden
en las ancianas reliquias.
Y son tus manos
las que tiemblan en el siglo de las flores
e intrigan la edad de las estrellas.

El azar dura más que el tiempo,
aunque a veces permanezca mudo
dentro de las bibliotecas.
El azar se conserva
junto al polvo sin reunir,
el polvo que no se reunirá
para construir un destino soportable.
Polvo del que no se engendrará
una sola piedra
en la que levantar una esperanza.

El azar no te esperará de pie, junto a la puerta.
El azar es un libro.
Una dama posando en el umbral.
Un hombre muerto es solo
y nada más que un hombre muerto.

Siente sus hermosas caricias,
sus manos hermanas
en tus pies dormidos.

Aguarda su llegada
en el mar cerrado,
en la noche de los cantos,
bajo un montón de muertos.

Aguarda
hasta que tu cuerpo sea el recuerdo
de tus talentos extinguidos.
Aguarda
hasta que el murmullo de los sueños

te despierte de la vida.
Aguarda un poco más
y habrás terminado.

El tiempo cuelga como un cristo ensangrentado,
y el azar afónico
se afana en darte gritos.

EL MILAGRO DE LA CONCIENCIA

A medida que mi presencia
acariciaba mis propios párpados,
empecé a pensar en el maravilloso milagro
del que estaba siendo testigo.

Unos ojos por los que mirar,
a los que mirar, como una joya congelada,
una lágrima sola que empuña mi pupila.

Azul, aglutinado en el horizonte,
un marinero separa el mar del cielo,
y en pétalos se ofrece
al jadeante viento.

O algo más sencillo:
un papel en blanco boquiabierto,
variaciones en la materia
de pronto sumadas,
apenas aparecidas,
ardiendo en el espíritu invasor.

Muy pronto quedo absolutamente entregado a sus ojos.
En ellos observo un presente algo menos pasado
y mucho más cierto que el mío.

De sus ojos me dirijo
a otras partes menos exploradas.
Algunas llevan siglos en pie,

pero no parecen consumidas por el tiempo.
Al contrario:
deslumbran sus formas sencillas —que es, en mi opinión,
la principal característica de las cosas nuevas.

Solo puedo mirar en sus reflejos.
Me interno en intensas selvas góticas
que no deben ocupar más de un palmo de pensamiento.
La materia no responde al tacto.
En todos los intentos por tocarme, hallo niebla.

Y precisamente en esta niebla de mí,
encuentro al ser revelado
contra la intimidad de su vacío.

Hay muchos tesoros escondidos
en el alma del espejo.
Todo consiste en mirar
hasta que, del azul de mi azul,
salga otro cuerpo.
(Un cuerpo lleno de alma
siempre andará llenando otro cuerpo).

Llega el momento en que dejan de existir los momentos.
Los límites se hacen furiosos,
y los horizontes menos espesos.
Tu mirar se llena de mi memoria,
y mi memoria se llena en tu mirada,
como un mar que de mar se llena, sediento.

Estoy hinchado de luz,
pleno de pensamiento,
como de haber tragado dioses,
espejos quebrados
y hondas estrellas.

Qué milagro tan sencillo —pienso—,
así debió nacer la conciencia.
Así, el que contempla,
contemplado queda.

EL MILAGRO DEL RECUERDO

Estos dedos ambulantes,
ridículamente simétricos para ser dedos,
ya no desempolvarán ninguna alfombra,
por muy perdida que esté
en el fondo del universo.

Eso han dicho los dedos,
que desde el principio nos han devuelto
las alfombras como nuevas.

Ahora que nadie quita el polvo,
se nos llena la casa de apariencias.

La obsesión de un niño se interpone,
se aventura
en la inmensidad jamás hallada.

A ciegas,
golpea una decisión equivocada.
Le arrastran los años,
le ampara una forma de candelabro.
La luz de la historia
se cuela por debajo de la puerta.

Ya ha pasado mucho tiempo,
y parece que fue ayer.

Familiaridad antigua
recibe
de otras existencias,
de otra vida
al alcance de sus manos.

Parece que fue ayer:
insisten los instantes.
El día cumple años
esta tarde.

Reposan los recuerdos,
sabiamente organizados.
Cierran los cementerios.

No,
no ruge el futuro,
por muy genial que sea.
Ruge la eternidad
que ayer
nos tuvo en vilo.

MI JARDÍN SERENO

Cercano,
tiende el bosque sus ramas
por los blancos senderos.

Un árbol, en mi jardín, sereno.
Y el verano siempre se conmueve
con el tiritar de sus ramas infinitas.

Tan solo en la tranquilidad de su mirada,
todo mi oscuro ser está reunido.

Dejo que los días me sucedan,
y nunca me ahorro las flores
que me prodiga el pensamiento.

ES EL MUNDO EL QUE PASA

Es el Mundo el que pasa,
hincado en el suelo,
sujetando sus conjuntos
con estacas y con cuerdas.

Es el Mundo el que pasa,
planeando sobre nuestras cabezas,
dispersando los campos sobre el campo,
oxidando lo firme de las ruinas,
sin saber muy bien
dónde poner tanta montaña.

Es el Mundo el que pasa,
cuando nada sucede,
cuando el cielo parece un mar lejano
y las palabras descansan junto al estanque,
abandonando sus diálogos eternos.

Es el Mundo el que pasa,
siempre haciendo conjeturas,
como un orador poderoso y solitario,
como un farol absorto en su luz,
parpadeando un poco más,
para pensar un poco más lejos.

Es el Mundo el que pasa,
y es el Mundo al que llaman porvenir
y los continentes enterrados,

el oro que desaparece,
eso es Mundo también.

Es el Mundo el que pasa
en la parte más menuda del polvo
en la parte más inmensa de la nada.

ALQUIMIA Y TRANSFORMACIÓN

Busco un perro
que al ladrar me devuelva
algo de la vida en la batalla.

Busco el cuerpo desnudo de un roble
al que poder golpear con mi cabeza.

Busco al búho que vive en el otoño,
al búho engendrado
en la vagina hambrienta de la selva.

Mis palabras ya no secan
lo verde en la pradera.
Mis amigos ya no cuelgan
en lo más grueso de mis nervios.
Ya no llevo entre las piernas
al niño que no nacerá nunca.

Acércate,
y escucha cómo agonizo.
Soy un cielo apagado en sus propias luces.
Soy carne y hueso de soldados
creciendo sobre la helada hierba.

Mucho hemos escuchado de la violeta nocturna,
la flor en sombra,
la flor que reina sobre las ruinas.
Solo unos pocos pájaros penetran su aroma sin deshacerse,

pájaros engendrados
en el polvo negro de las guerras.

¿Pero quién se atreve a cantar
cuando los pájaros están despiertos?

Acércate a mí
y escupe sobre mi sangre derramada.
Vivo en el templo
donde los sacerdotes aúllan.

En nuestro jardín
crecemos cabezas de nobles
que retienen las nubes sobre la tierra insensible.

Pero no hay manera de engañar a los bosques.
Los ciervos me señalan el sendero sin salida.
Mis sueños transcurren en un salón lleno de espejos,
como si viviera todas las vidas
que pudiera conocer.

Acércate a mí,
y cúbrete de nieve.
Soy un cuerpo de brasas sobre el césped vivo.
Soy la viuda ardiente que alumbra los partos.
Soy el orden extraordinario
que se degrada al realizarse.

Los pájaros vuelven al mar
y la luna resplandece.
El Mundo entero es una orilla

por la que navega
una flota de destinos transparentes.

Acércate a mí, porque soy muchos
contengo muchedumbres
y cuando huyen de mí
yo soy las alas.

LA JUVENTUD DEL AGUA

Yo nací devorado por el tiempo,
devorado por los cielos
que hacen soñar con lo eterno.

Como a tantos otros jóvenes,
me sedujo la compañía del lago,
lejos de la muchedumbre,
atraído por sus constantes cambios de ánimo,
lejos de dios,
lejos de la póstuma excelencia.

Hice buen acopio de su belleza acuática.
Apreté entre mis manos
la flor rejuvenecida por la noche.
Estuve tranquilo como el agua
cuando está dormida.
Intenté descifrar el azar
en las monedas que saqué de lo profundo.

Aquí, amigos,
la noche era una mañana para los ojos.

Recobré la juventud en el agua
y me hice consciente de lo mayor que había sido
(de lo mayores que habíamos sido).
Fue como levantarse de un sueño reparador
en una noche fresca de verano.

Todo era nuevo en el agua matutina.
Bastaba con hacer temblar la piel del lago
para escuchar los latidos de las plantas,
para escuchar la espuma en el aire
removiendo sus cabellos.

Quise conservar algo de mis conocimientos
y procuré mantener la lengua
por encima de la superficie.
Pero toda la suavidad horizontal
que se manifestaba en el lago
me invitaba a sumergirme completamente.

A partir de entonces,
todo lo supe por instinto.
Solo me guié por los reflejos en el lago.
Qué ligero se vive en solo dos dimensiones,
cómo brilla la luna desde lo alto del cielo.

De vez en cuando
me acercaba a la orilla
y escuchaba a los hombres formular sus sueños.
Venían a buscar en lo más profundo del lago
y a veces se llevaban tiniebla del fondo del abismo.

Al mirarme en el agua, seguía siendo joven,
pero al cabo de un tiempo
dejé de sentirme fuerte.
Ni el pez más sonriente,
ni la flor más fresca
podían hacerme olvidar la vida en la tierra.

Tras la acumulación de tantas mezquindades,
el lago soberano, al fin, me abrió los ojos:
no había un charco de sangre
más rojo que mi piel.
La podredumbre
y las emanaciones de mi cadáver
nutrían la vegetación que hasta ahora
había sustentado mi cuerpo,
ya no podía quedarme solo.

Cuando salí del agua,
de inmediato empecé a notar
cómo mi espalda se encorvaba,
cómo se hacía pesado mi cuerpo
y mi barba más espesa.
Mis piernas apenas
eran capaces de sostenerme.
Alcé la vista:
banderas de la muerte
ondeaban en el cielo.

Sé que mi destrucción será completa.
Me asfixia el frescor de la montaña
y una pequeña herida en el cuello
me aniquila con esmero.

BELLEZA EN LA TIERRA

Saluda al viejo océano.
Contempla sus diminutos ojos de hombre.
Observa cómo, a lo largo de los siglos,
nunca ha dejado de creer en su belleza.

Ahora estás obligado a mentirte.
Ahora debes ser el símbolo
al que sirvieron todos los símbolos humanos.
Debes evitar mezclarte con el viento.
En la medida de lo posible, debes evitar
que la luna te abarque en una sola mirada.

Recuerda: tus aguas todavía son amargas,
y todavía nadie puede amar tu corazón.
Ni siquiera las máquinas.
Ni siquiera el grito de los heridos puede tocarte.

Debes recorrer tus peores soledades,
con lentitud majestuosa, sin miedo,
hasta que del agua de los muertos
brote tu reflejo.

Entonces,
empezarás a creer en tu belleza.

CONFESIÓN

Los nuevos manantiales
se precipitan, ruidosos,
sobre los pueblos antiguos.
Exigen la confesión de tus secretos.

Sin haberte convertido
en desierto todavía,
vas sintiendo las montañas
cada vez más sagradas.
Los abismos te contemplan fijamente,
y se pierden sus ojos
en tu incógnito horizonte.

Desde que conoces mejor tu cuerpo,
te cuesta cargar con mis razones.
Se te revuelve en la memoria
un amor distinto al mío.
Las horas felices
redoblan tu angustia
en mi garganta.

Casi una perfección,
aquellos ríos,
las tardes tranquilas
también te enamoraban.

Desde ahora serás la alfombra
en donde bailan los gatos,

y te hallarás asombrado
de encontrarte tal cual eres:
un grito prolongado y múltiple
que ahuyenta el cansancio de la tierra.

Suenan los nuevos manantiales,
y las ramas van desenlazando
el agua y el tiempo.

Te sobra la ropa
que un día te trajo la tormenta.
Has dominado un instante,
sus claridades más íntimas.
Un instante tan profundo
que se esconde,
una criatura tan oscura
que se apaga.

Para llegar hasta aquí
has tenido que vencer al fuego en su misma esfera.
Tuviste que someter tu vida al misterio.
Echaste en el río todos mis secretos.
Esos secretos
que me temblaban en la boca seria.

MADERA DULCE QUEMADA

Viejas flores del mar cubrían su cabeza,
mil américas perdidas en su piel.
Su flagrante sangre, sus heridas espléndidas,
los signos y planetas destronados
la señalaban entre las pardas sombras mudas.

Al caminar, ella animaba resplandores,
y a sus pies,
la voz del aire se iba desarrodillando, revoloteando,
como un nido de secretos en una boca confusa.

Toda la multitud del mar
se inventaba en sus ojos,
como el cereal que se agita
en la espuma de las olas.
Su cuerpo atraía el aroma
de la piedra y de los ríos.
Volaban sus párpados
como olivos que se abren
y que se cierran.

Solo la vi una vez,
en este cielo azul con cigarras,
en el que descansan dioses extenuados.
En mitad de este cielo puro
donde vibra el calor eterno.

Me dio las palabras para deshacer
la oscuridad que ruge en el fondo de los pantanos,
palabras para secar la tierra húmeda
que encharca los ojos de quien sufre en silencio.

Me dio un susurro de animales dormidos
para acurrucarme en los sueños del bosque,
para volar por encima de la hierba
y llenarme de pájaros la boca.

Me dio sus manos
para abrir las mías, como se abre
una cáscara de bronces y de espinas,
como se abre una rosa de madera.

Me dio sus dedos
para dejar una gota de sangre
en cada hoja del camino que me llevó hasta ella.

Me dio unas piernas
para recorrer todos los pasados,
para remontar la palpitación secreta
que transita en el fondo de las venas,
para comparecer, puntual,
en el día de mi nacimiento.

Me dio un ruido de cruces y de lanzas
replegándose en la selva,
un monte descubierto en el que esconder
mis pabellones de invierno.

Me dio un instante de mi ser
para tumbarme a su lado,
para que todo en mi alma
tenga una empuñadura.

Me dio unos ojos
para ascender en los colores,
como se asciende
por una enredadera.

Me dio un cuerpo
para morir en sus manos.
Me dio el oído
para escuchar el dulce canto
de la madera haciéndose ceniza.

EL SOL

El sol,
siempre semejante a sí mismo,
sin conciencia de su largo viaje,
capaz de herir a los dioses
que habitan la baja tierra.

El sol,
brillando de risa contenida.
Sabio sin actitud de sabio,
movimiento y tumulto
sin cambiar de sitio.

El sol,
obstinado en destruirse.
Al otro lado del mar
nos espera en emboscada.

El sol,
que suena también bajo mis dedos
y perfora mi pecho
de mono sublime.

El sol,
en la hora melancólica,
dejará de ser afirmación
y en los límites de su espíritu humano,
podremos, al fin, perder la vista.

Las causas más grandes del sol
en ti producirán los efectos más pequeños.
Tu pensamiento más miserable
constituye una verdad más fundamental
que la majestad
con que proclama su luz el astro.

Te marcharás
nos dejarás solos,
sobreviviéndote,
y hasta el cielo
escapará reptando de la tierra.

Qué vergüenza
no tener nada más que la noche
donde clavar las uñas.

Entre eclipses,
entre ondas y cuerpos
que silban en el espacio,
dioses ajenos preparan
los fúnebres corceles.

Ceniza que canta seremos,
orbitando en sus llamas.
Polvo que se abre
camino por el cuello,
imperfecto organismo,
eternidad que brama.

Van a dar las diez.
Me desperezo.
Grito alguna cosa.

Supongo que en el fondo
ya te has dado cuenta.
En realidad,
no creo que exista
nada más que esto.

LOS FUNERALES DEL ORO

La sangre gotea del cielo
sobre la arena blanca de la playa.
Una bestia herida y agonizante
yace ahogada en el rocío.

Aquí es donde la luz entera
se promete con las sombras,
y el aire se envenena
con el color pasajero de las flores.

La bestia suspira
por cuanto anhela reposo.
Rendida ante el brutal hijo del aire,
tiende su cuerpo fuera de la naturaleza.

Plantad un pie sobre su tumba,
someted vuestras creencias a la sin razón.
Abandonad el escudo de vuestras creaciones
y acompañadme a los funerales del oro.

Vosotros os habéis tragado
la lengua monumental de los profetas,
y habéis recibido el beso ardiente del sol.

Vosotros habéis contemplado
el nacer de las horas azuladas
y habéis nadado en el agua
donde chapotean los corazones recién nacidos.

Vosotros al morir seréis más que la muerte
y regresaréis al vientre de la madre
que alumbró a su hijo en el mar salvaje.

Apareceréis con tal resplandor de rayos
que conoceréis la eternidad del esqueleto.

Acompañadme a los funerales del oro
y seréis la bestia que plantó un pie sobre su propia tumba,
la bestia que lamió el pasto del polvo
y engulló la prole de los cielos.

Seréis el animal que robó los ojos
del niño que miró la majestad divina.

Seréis la mirada profunda de los testamentos.

El hombre vive y muere entre dos eternidades
pero vosotros habitáis las formas leves del mar,
la sangre negra que envuelve las constelaciones,
la voz apresada en lo inmenso.

Acompañadme a los funerales del oro
y volveréis con las lluvias primaverales
que alegran la tierra verde y risueña.

Volveréis con las viejas hojas pardas
en un atardecer de alas mudas.

Venid conmigo y volved
con el arroyo que arrastra palabras lentas
y devuelve el cuerpo de príncipes desaparecidos.

ÍNDICE